CODE

MONÉTAIRE.

Se trouve aussi

CHEZ

AGASSE, Libraire, rue des Poitevins;
CHARON, Libraire, passage Feydeau;
GARNERY, Libraire, rue de Seine, faubourg Saint-Germain, n.º 1403;
RONDONNEAU, Libraire, place du Carrousel;

A VERSAILLES,

LEBLANC, Imprimeur-Libraire, place d'Arme, n.º 1.er

CODE MONÉTAIRE,

OU

RECUEIL COMPLET

DES LOIS, ARRÊTÉS

ET LETTRES MINISTÉRIELLES

SUR LA FABRICATION ET LA VÉRIFICATION

DES MONNAIES,

Avec les Tarifs du prix auquel doivent être payés au change les Louis ou Écus de six liv. rognés ou altérés; — celui des frais d'affinage qui seront perçus au change des monnaies, sur les espèces et matières d'or et d'argent d'un titre inférieur à celui des nouvelles espèces; — ceux du prix auquel doivent être payés au change les espèces de France, les espèces étrangères et autres monnaies d'or et d'argent; — celui des espèces d'or et d'argent, etc., qui ont cours dans la 27.e Division militaire; — une Table pour convertir les sous et den. en décimes et centimes; — celle de la valeur des francs en livres tournois, et le Tableau comparatif de la différence entre la livre tournois et celle du franc :

A L'USAGE DE TOUS LES RECEVEURS, DES CAISSIERS, AGENS DE CHANGE ET NÉGOCIANS.

A PARIS,

Chez LEBLANC, Imprimeur-Libraire, place et maison Abbatiale Saint-Germain-des-Prés, n.º 1121.

AN XII — 1803.

AVERTISSEMENT.

Un Recueil des Lois sur les Monnaies avait sans doute été jugé utile pour tous ceux qui ont un maniement d'espèces ; mais c'est sur-tout lorsque les pièces sans empreinte sont retirées de la circulation, et aux approches d'une refonte générale, que cet ouvrage devient nécessaire pour eux et intéressant pour tout le monde.

Il a été imprimé plusieurs tarifs pour le change des Monnaies, mais ces calculs isolés des Lois qui en font la bâse, ne peuvent pas toujours suffire pour faire une opération avec connaissance de cause.

D'ailleurs les variations qui ont eu lieu dans les signes monétaires depuis la révolution, font, pour ainsi dire, l'objet d'une histoire, et notre table alphabétique des matières la présente en abrégé.

Nous nous sommes bornés absolument à ne rapporter que les Lois relatives aux espèces monnoyées, parce que celles qui concernent l'administration en général sont connnues officiellement par ceux qu'elles regardent seuls, soit pour les observer, soit pour en surveiller l'exécution, et par la même raison, nous avons retranché aussi les articles qui n'avaient rapport qu'à la comptabilité, ou au travail de la fabrication.

TABLE CHRONOLOGIQUE.

11 *Janv.* 1791. *sanct.é le* 19.   **D**ÉCRET concernant une fabrication de petite monnaie.

9 *Avril*....*idem*....*le* 15. — relatif aux empreintes des monnaies.

17 *Mai*.....*idem*....*le* 20. — relatif à la fabrication d'une monnaie de cuivre.

20 *idem*....*idem*....*le* 22. — relatif à la fabrication d'une monnaie de cuivre avec les anciens coins.

11 *Juillet*...*idem*....*le* 28. — relatif à la fabrication de la menue monnaie d'argent de 30 et de 15 sous.

3 *Août*....*idem*....*le* 6. — relatif à la fabrication d'une menue monnaie avec le métal des cloches.

14 *idem*....*idem*....*le* 18. — relatif aux titres des espèces de 15 et de 30 sols.

24 *et* 25 *Février* 1792. *sanc-tionné le* 27. — relatif aux fabricateurs et distributeurs de faux assignats et de fausse monnaie.

29 *Mai* 1792. *santcionné le* 6 *Juin.* — relatif à la fabrication des monnaies de cuivre.

22 *Juill.* 1792. *sanct.é le* 25. — qui autorise l'addition faite du *Bonnet de la Liberté* au type des écus de 6 liv., et ordonne qu'elle sera appliquée à celui des écus de 3 liv.

7 *Août*....*idem*....*le* 16. — relatif à la fabrication de la monnaie de cuivre ou de bronze.

25 *idem*....*idem*....*le* 31. — qui autorise les artistes de Lyon à fabriquer, pour le compte de la nation, des espèces de bronze.

2 *Septemb. idem*....*le* 3. — relatif aux poinçons pour la fabrication des pièces de 3 et 6 den., 12 et 24 deniers.

Fin de la Table chronologique.

CODE

CODE
MONÉTAIRE.

Décret concernant une fabrication de petite monnaie.

Du 11 Janvier 1791, sanctionné le 19 du même mois.

ART. I.er IL sera incessamment fabriqué une menue monnaie d'argent, jusqu'à concurrence de quinze millions de livres.

II. Cette fabrication sera faite au titre actuel des écus, et avec les mêmes remèdes.

III. Cette monnaie sera divisée en pièces de trente sous et de quinze sous, et il en sera fait pour sept millions cinq cent mille livres de chaque espèce.

IV. La valeur de chaque pièce sera exprimée sur l'empreinte.

V. L'Assemblée nationale invite les artistes à proposer le modèle d'une nouvelle empreinte, et elle charge son comité des monnaies de lui rendre compte de leur travail dans la quinzaine.

VI. Il lui présentera, dans le même délai, ses vues sur la légende qu'il convient de substituer aux anciennes, et sur les moyens d'éviter les abus qui pourraient s'introduire dans cette fabrication.

VII. Les divisions actuelles de l'écu en menue monnaie d'argent, et la monnaie de billon, qui existent dans la circulation, continueront d'avoir cours comme

A

par le passé, jusqu'à ce qü'il soit autremént ordonné; mais il n'en pourra être fabriqué d'autres.

VIII. Il sera fabriqué de la monnaie de cuivre de douze, six et trois deniers; elle ne pourra être frappée sur des flans de métal laminés et taillés dans les pays étrangers.

IX. Il en sera incessamment fabriqué pour un million, ensuite pour cent mille livres par mois; et la fabrication sera continuée ou suspendue par le décret de l'Assemblée nationale, suivant les besoins de chaque Département.

X. Les pièces de douze deniers seront faites à la taille de vingt au marc, celles de six et trois deniers, dans la même proportion.

XI. Un quart de cette fabrication sera en pièces de douze deniers, un quart en pièces de six, et la moitié en pièces de huit deniers.

XII. Elle sera faite avec de nouveaux coins, dont le modèle sera incessamment décrété par l'Assemblée nationale; toute fabrication de monnaie de cuivre avec les anciens, cessera dans toutes les monnaies du royaume, aussitôt que les nouveaux pourront être employés. Les anciens seront brisés en présence de la Municipalité, qui en dressera procès-verbal, qu'elle adressera sans délai au Ministre des finances.

Décret relatif aux empreintes des monnaies.

Du 9 Avril 1791, sanctionné le 15 du même mois.

ART. I.er L'effigie du Roi sera empreinte sur toutes les monnaies du royaume, avec la légende: Louis XVI, Roi des Français.

II. Le revers de la monnaie d'or, des écus et demi-écus, aura pour empreinte le génie de la France debout devant un autel, et gravant sur des tables le mot *Constitution*, avec le sceptre de la raison, désigné par un œil ouvert à son extrémité ; il y aura à côté de l'autel un coq, symbole de la vigilance, et un faisceau, emblême de l'union et de la force armée.

III. Le revers portera pour légende ces mots : *règne de la Loi.*

IV. Il sera gravé sur la tranche : *la Nation, la Loi et le Roi.*

V. Les pièces de trente et de quinze sous porteront les mêmes empreintes et la même légende, à l'exception du coq et du faisceau.

VI. La monnaie de cuivre portera la même effigie du Roi, et la même légende ; le revers seul sera différent.

VII. L'empreinte du revers sera un faisceau traversé par une pique, surmontée du bonnet de la liberté ; autour une couronne de chêne, avec la légende : la Nation, la Loi et le Roi.

VIII Sur toutes les monnaies, le millésime sera en chiffres arabes, suivi de l'année de la liberté.

IX. Il sera, sans délai, procédé à la formation des nouveaux coins et matrices.

Décret relatif à la fabrication d'une monnaie de cuivre.

Du 17 Mai 1791, sanctionné le 20 du même mois.

ART. I.er Le Roi sera prié de donner les ordres les plus prompts pour faire fabriquer dans les différens hôtels des monnaies, la quantité de monnaie de cuivre suffisante pour satisfaire aux besoins du royaume, et faciliter l'échange des petits assignats.

II Cette fabrication se fera à la taille décrétée le 11 Janvier de cette année, avec les empreintes qui sont en usage, jusqu'à ce que celles qui ont été décrétées le 9 Avril dernier, soient en état de servir.

Décret relatif à la fabrication des monnaies de cuivre avec les anciens coins.

Du 20 Mai 1791, sanctionné le 22 du même mois.

L'ASSEMBLÉE nationale décrète que le Roi sera prié de donner des ordres pour faire monnayer immédiatement, avec les anciens coins, les flans existans actuellement dans les divers hôtels des monnaies et manufactures du royaume.

Décret relatif à la fabrication de la menue monnaie d'argent de trente et de quinze sous.

Du 11 Juillet 1791, sanctionné le 28 du même mois.

ART. I.er Conformément au décret du 11 Janvier, les pièces de trente sous contiendront en grain de fin la moitié de l'écu; celles de quinze sous, le quart de l'écu.

II. Néanmoins, chacune desdites pièces sera alliée dans la proportion de huit deniers d'argent fin, avec quatre deniers de cuivre.

V. Toute personne qui apportera à la monnaie, des matières d'argent, recevra, sans aucune retenue, la même quantité de grains de fin en monnaie fabriquée.

Décret relatif à la fabrication d'une menue monnaie avec le métal des cloches.

Du 3 août 1791, sanctionné le 6 du même mois.

ART. I.er La fabrication d'une menue monnaie avec le métal des cloches, aura lieu, sans délai, dans tous les hôtels des monnaies du royaume.

II. Le métal des cloches sera allié à une portion égale de cuivre pur, et les flans qui en proviendront seront frappés.

III. Cette monnaie sera divisée en pièces de deux sous, à la taille de dix au marc; en pièces d'un sou, à celle de vingt au marc; et en pièces de demi - sou, à celle de quarante au marc.

Décret relatif aux titres des espèces de quinze sous et de trente sous.

Du 14 août 1791, sanctionné le 18 du même mois.

ART. I.er Les titres des espèces de quinze et de trente sous, étant déterminés à huit deniers par la loi du 11 Juillet, les fontes des directeurs pourront néanmoins ne se trouver alliées qu'à sept deniers vingt-deux vingt-quatrièmes; et ceux dont le travail se trouverait au-dessous de ce titre, seront condamnés aux peines contenues en l'art. 15 du titre 5 de la loi des 19 et 21 Mai.

II. Le remède de poids des pièces de trente sous sera de vingt-quatre grains au marc, et celui des pièces de quinze sous, de trente-six grains au marc.

Décret relatif aux fabricateurs et distributeurs de faux assignats et de fausse monnaie.

Des 24 et 25 Février 1792, sanctionné le 27 du même mois.

ART. VII. Il sera accordé au dénonciateur d'un délit de fabrication ou distribution de faux assignats ou fausse monnaie, dont les auteurs auront été déclarés convaincus, une récompense qui sera fixée par un décret du corps législatif, pour service important rendu à la patrie.

VIII. Le dénonciateur ne pourra jamais être entendu comme témoin dans la procédure.

IX. Si un particulier, complice d'une fabrication de faux assignats ou de fausse monnaie, vient le premier la dénoncer, il sera exempt de la peine qu'il a encourue.

X. Si le même particulier procure l'arrestation de faussaires et la saisie des matières et instrumens de faux, il recevra en outre une somme d'argent.

XI. Si, après qu'une fabrication de faux assignats ou de fausse monnaie aura été dénoncée, l'un des complices procure, de son propre mouvement, l'arrestation des faussaires, et la saisie des matières et instrumens de faux, il sera exempt de la peine qu'il a encourue.

XII. Les dispositions des trois articles précédens auront lieu à l'égard des complices de fabrication de faux assignats ou de fausse monnaie, entreprise hors du royaume, qui la dénonceraient, soit aux autorités constituées en France, soit à ses agens politiques dans les cours étrangères, ou qui procureraient l'arresta-

tion des faussaires, et la saisie des matières et instrumens de faux.

____

Décret relatif à la fabrication des monnaies de cuivre.

Du 29 Mai 1792, sanctionné le 6 Juin.

L'Assemblée nationale décrète que les espèces de cuivre seront dispensées de la formalité de l'art. VIII de la loi du 8 septembre 1791, et monnayées sans distinction des sémestres où elles auront été fabriquées.

____

Décret qui autorise l'addition faite du bonnet de la liberté au type des écus de six livres, et ordonne qu'elle sera appliquée à celui des écus de trois livres.

Du 22 Juillet 1792, sanctionné le 25 du même mois.

L'Assemblée nationale décrète qu'elle autorise l'addition qui a été faite du bonnet de la liberté au type des écus de six livres, et que la même addition sera appliquée à celui des écus de trois livres; qu'en conséquence, la commission des monnaies fera, dans les différens hôtels des monnaies, l'envoi des poinçons et matrices préparés pour l'écu de trois livres.

____

Décret relatif à la fabrication de la monnaie de cuivre ou de bronze.

Du 7 Août 1792, sanctionné le 16 du même mois.

ART. II. A dater de la publication du présent décret, il ne pourra plus être fabriqué de monnaie de cuivre ou de bronze, dans laquelle le cuivre excède

La proportion du quart du poids des matières employées.
On pourra néanmoins continuer d'employer le cuivre
du Perrou dans les proportions ci-devant déterminées.

---

*Décret qui autorise les artistes de Lyon à fabri-
quer, pour le compte de la nation, des espèces
de bronze.*

Du 25 Août 1792, sanctionné le 31 du même mois.

ART. I.er Les sieurs Mercier, Mathieu, Mouserde,
et autres artisans réunis de la ville de Lyon, sont
autorisés à fabriquer, pour le compte de la nation,
des espèces de bronze, aux prix et conditions qui
seront déterminés par le Pouvoir exécutif.

II. Lesdites espèces seront divisées en pièces de
cinq sous et de trois sous.

III. Celles de cinq sous seront à la taille de six au
marc, et celles de trois sous à la taille de dix au marc.

IV. Les unes et les autres représenteront d'un côté
le buste de la liberté, sous les traits d'une femme
aux cheveux épars, ayant à côté d'elle une pique surmontée d'un bonnet ; la légende renfermera ces mots :
Egalité, Liberté.

V. Le revers représentera une couronne de chêne
dans laquelle sera inscrite la désignation de la somme
représentée par chaque pièce.

VI. La date de l'ère de la liberté sera placée du
côté de la tête, et le millésime du côté du revers.

XV. Les empreintes des pièces de six deniers et de
trois deniers, qui doivent être mises incessamment
en émission, seront conformes à ce qui est prescrit
par les articles IV, V et VI du présent décret.

---

(9)

*Décret relatif aux poinçons pour la fabrique des
pièces de trois et six deniers.*

Du 2 Septembre 1792, sanctionné le 3 du même mois.

ART. I.er La commission générale des monnaies fera,
sans délai, travailler à la préparation des nouveaux
poinçons pour la fabrication des pièces de trois et six
deniers, en se conformant au type décrété le 25 août
dernier pour les pièces de trois et de cinq sous.

II. La monnaie de trois et de six deniers pourra être
faite avec le même alliage de bronze, de cloches et de
cuivre que la monnaie des pièces de deux et de un sou.

III. Les directeurs des monnaies et les entrepreneurs des flans, sont autorisés à employer le cuivre
jaune dans la fabrication des flans, dans la proportion de huit parties de bronze de cloches, de trois
parties de cuivre rouge pur, et d'une partie de cuivre
jaune.

IV. Les pièces de trois, six, douze et vingt-quatre
deniers seront fabriquées à l'avenir au remède suivant :
les pièces de deux sous, au remède d'une demi-pièce
par marc ; celle de un sou, au remède d'une pièce ;
celles de six deniers, au remède de deux pièces ; et
celles de trois deniers, au remède de quatre pièces.

---

*Décret qui défend à tous particuliers de fabriquer
ou faire fabriquer des monnaies de métal, telles
que médailles de confiance ou autres généralement
quelconques.*

Du 3 Septembre 1792, sanctionné le 20 du même mois.

ART. I.er Il est expressément défendu à tous particuliers de fabriquer ou faire fabriquer, directement

ou indirectement, d'introduire et de faire circuler dans le royaume , des monnaies de métal, sous quelque forme ou dénomination que ce soit, telles que médailles de confiance ou autres généralement quelconques , à peine d'être puni de quinze années de fer , et de la confiscation desdites monnaies.

II. Les particuliers qui ont émis de telles monnaies , les retireront de la circulation dans le délai d'un mois., à compter du jour de la promulgation du présent décret , et les échangeront au pair contre des assignats , à bureau ouvert:

Décret relatif à la fabrication des pièces monnayées de deux et quatre sous.

Du 18 Septembre 1792.

Les espéces dont la fabrication a été ordonnée par le décret du 25 août , seront frappées en pièces de deux sous et de quatre sous.

Celles de deux sous seront à la taille de dix au marc, et celle de quatre sous à la taille de cinq au marc.

Le prix de la fabrication demeure fixé à huit sous le marc.

Décret concernant l'empreinte des monnaies d'or et d'argent.

Du 6 Février 1793.

ART. I.er Les monnaies d'or et d'argent de la république française porteront pour empreinte une couronne de branche de chêne ; la légende sera composée des mots: *République française ,* avec désignation de

(11)

l'année en chiffres romains. La valeur de la pièce
sera inscrite au milieu de la couronne.

II. Le type adopté par le décret d'avril 1791, sera
conservé sur le revers des monnaies. Le faisceau,
symbole de l'union, surmonté du bonnet de la liberté ;
le coq, symbole de la vigilance, continueront d'être
placés des deux côtés du type. La légende sera composée des mots : *régne de la Loi.* L'exergue contiendra
le millésime de l'année en chiffres arabes.

III. Le cordon des pièces de six livres sera inscrit de
deux mots : *Liberté, Egalité.* Les pièces de vingt-quatre
livres continueront d'être marquées d'un simple cordon.

IV. Il ne sera fabriqué provisoirement que des pièces
de six livres en argent, et des pièces de vingt-quatre
livres en or.

----

*Décret concernant les empreintes des monnaies de
cuivre et de bronze de la république.*

Du 28 Avril 1793.

ART. I.er Les monnaies de cuivre et de bronze de
la république française porteront pour empreinte une
table sur laquelle seront inscrits ces mots : *Les hommes
sont égaux devant la Loi.* Au-dessus de cette table sera
gravé un œil rayonnant : aux deux côtés seront gravés
une grappe de raisin et une gerbe de bled. La légende
sera composée des deux mots : *République française.*
L'exergue désignera l'année de la république en chiffres
romains.

II. Le revers de la pièce portera pour empreinte
une balance dont les deux bassins sont en équilibre,
jointe à une couronne civique surmontée du bonnet

de la liberté. La valeur de la pièce sera gravée dans le milieu de la couronne. La légende sera composée des deux mots : *Liberté*, *Egalité*. L'exergue contiendra le millésime de l'année en chiffres arabes.

Décret qui ordonne une fabrication de petite monnaie.

Du 24 Août 1793.

ART. I.er Il sera incessamment fabriqué une petite monnaie résultante d'un mélange de cuivre et de métal de cloches, pour remplacer les pièces de deux sous, d'un sou, de six et de trois deniers, qui sont aujourd'hui en circulation.

II. La livre numéraire sera divisée en dix parties appelées décimes.

III. Le décime sera divisé en dix parties ; chacune de ces parties portera le nom de centime.

IV. Il sera fabriqué des pièces d'un décime, de cinq centimes et d'un centime.

V. Deux dixièmes de la fabrication en poids, seront en pièces d'un centime ;

Quatre dixièmes en pièces de cinq centimes ;

Quatre dixièmes en pièces d'un décime.

VI. Les pièces d'un décime seront à la taille de cent par grave : le remède sera de quatre pièces par grave.

Les pièces de cinq centimes seront à la taille de deux cents par graves : le remède sera de huit pièces par grave.

Les pièces d'un centime seront à la taille de mille pièces par grave : le remède sera de quarante pièces par grave.

VII. Le remède sera évalué, moitié en dedans, moitié en dehors du terme fixé par la loi.

VIII. Les pièces d'un décime auront, pour empreinte, la France assise sur un globe, appuyée sur la table de la loi, tenant d'une main la baguette *vindetta*, surmontée du bonnet de la liberté ; et de l'autre main, le niveau, avec la légende : *Liberté, Egalité.*

Au-dessous sera exprimée l'ère de la république, avec le différent du directeur.

Le revers de la pièce représentera deux branches : l'une de chêne, l'autre d'olivier ; au milieu sera exprimée la valeur de la pièce ; la légende sera : *République française;* et au-dessous, le différent du graveur.

Les pièces d'un et de cinq centimes auront pour empreinte le bonnet de la liberté, avec cette légende : *Eg.... Lib....*, initiales des mots liberté, égalité, et l'an de l'ère de la république, avec le différent du directeur. Le revers de la pièce exprimera sa valeur, avec le différent du graveur.

IX. La fabrication de monnaie de cuivre ou de bronze aux anciens coins, cessera dans tous les hôtels des monnaies de la république, aussitôt que les nouveaux coins pourront être employés ; les anciens coins seront brisés en présence de deux commissaires de la municipalité du lieu ; ils en dresseront procès-verbal, qu'ils adresseront, sans délai, à la commission générale des monnaies.

Décret qui ordonne la fabrication de pièces de cinq décimes en bronze.

Du 12 Septembre 1793.

ART. I.er Indépendamment des pièces d'un décime, de cinq centimes, et d'un centime, dont la fabrication a été décrétée le 24 août dernier, il sera fabriqué en bronze des pièces de cinq décimes, en nombre suffisant pour satisfaire aux échanges de petite valeur.

II. Ces pièces seront à la taille de quarante par grave.

III. Le remède sera de deux pièces par grave ; il sera évalué moitié en dedans, moitié en dehors du terme fixé par l'article précédent.

IV. Chaque pièce aura pour empreinte la nature assise, faisant jaillir de son sein l'eau de la régénération. Le président de la Convention y est représenté offrant une coupe aux envoyés des Assemblées primaires. Au-dessous seront inscrits les mots 10 *Août* 1792.

La légende est : *Régénération française.* Au bas est exprimé le différent du directeur.

Le revers de la pièce représente deux branches, l'une de chêne, l'autre d'olivier ; au milieu est exprimée la valeur de la pièce, et au-dessous l'ère de la République, avec le différent du graveur.

La légende est : *République française.*

Sur la tranche seront gravés en creux les mots *Egalité, Liberté, Indivisibilité.*

Article additionnel au décret du 24 Août. Le revers des pièces de cinq centimes, dont la fabrication a été décrétée le 24 Août dernier, aura pour légende les mots entiers, *Egalité, Liberté.*

Décret sur le millésime des monnaies.

Du 16 Vendémiaire an II.

ART. III. Le millésime des monnaies de la république, ainsi que celui de la médaille consacrée à perpétuer le souvenir de l'acceptation de l'acte constitutionnel, sera conforme au nouveau calendrier décrété le 14 du premier mois.

Décret concernant le titre, le poids et la fabrication des monnaies.

Du 16 Vendémiaire an II.

TITRE PREMIER.

Du titre et du poids des pièces de monnaie.

ART. I.er Le titre et le poids des monnaies seront indiqués, comme les autres valeurs, par les dénominations numériques du calcul décimal.

II. La monnaie d'argent et la monnaie d'or de la république, seront au titre de neuf parties de métal pur, et d'une partie d'alliage.

III. L'unité principale des nouvelles monnaies, soit d'argent, soit d'or, sera la centième partie du grave.

IV. Les frais de fabrication qui seront retenus sur la monnaie, seront réduits à un centième du poids de l'argent, et à un trois centième du poids de l'or.

V. Ces frais seront perçus sur les monnaies étrangères, et sur les lingots qui seront convertis en monnaie de France.

VI. Les anciennes monnaies de France, apportées au change seront exemptes de ce droit ; mais elles pourront être changées contre une quantité de fin égale à celle qu'elles contiennent. Le titre des pièces d'argent, à l'exception de celles de quinze et de trente sous, décrétées par l'assemblée constituante, sera évalué à raison de dix deniers vingt-un grains : celui des pièces de quinze et de trente sous, fabriquées depuis 1791, à raison de sept deniers vingt-deux grains. Le titre des pièces d'or, fabriquées avant 1786, sera évalué à raison de vingt-un karats dix-sept trente-deuxièmes; et celui des fabrications postérieures, à raison de vingt-un karats vingt-un trente-deuxièmes. Les unes et les autres ne seront reçues que pour leur poids effectif.

TITRE II.

De la fabrication et des empreintes.

Art. III. Les pièces d'argent seront fabriquées avec un poids de tolérance d'un deux centième en dedans et d'un deux centième en dehors du poids fixé par la loi. Pour les pièces d'or, le poids de tolérance sera d'un quatre centième en dedans et d'un quatre centième en dehors.

IV. l'approximation du titre qui est toléré pour l'or, est de six millièmes, dont la moitié en dedans et la moitié en dehors du titre fixé par la loi.

V. L'approximation du titre, qui est fixé pour l'argent, est de douze millièmes, dont la moitié en dedans et la moitié en dehors du titre fixé par la loi.

VI. Seront substituées aux pièces d'argent et d'or qui servent actuellement de monnaie :

1.º Une pièce d'argent au nouveau titre et du centième du grave : cette pièce sera appelée *Républicaine*.

2.º Une pièce d'un poids quintuple de la précédente, et qui aura le nom de *cinq Républicaine*.

3.º Une pièce d'or au nouveau titre et du centième du grave : cette pièce sera appelée *Franc d'or*.

VII. Les nouvelles monnaies auront pour type le sceau de l'état, avec la légende : *Le peuple seul est souverain.*

VIII. Sur la tranche des pièces d'argent, seront gravés en creux ces mots: *Garantie nationale ;* et sur la tranche de celles d'or, sera gravé en relief un simple cordonnet.

IX. L'année de l'ère de la république sera exprimée en chiffres arabes, au-dessous des légendes, en forme d'exergue.

X. Sur le revers de ces trois pièces, seront gravées deux branches, une de chêne et l'autre d'olivier, enlacées. Au centre on lira le nom et le poids de la pièce, avec la lettre indicative de l'atelier monétaire. En dehors et autour seront gravés ces mots : *République française*, avec les différens du directeur et du graveur.

Décret additionnel à celui sur l'empreinte des monnaies.

Du 28 Brumaire an II.

La pièce d'un décime aura pour empreinte, d'un côté, l'arche de la constitution, et le faisceau surmonté du bonnet ; au-dessous de la ligne de tenue on lira : 10 *Août*; et plus bas le différent de l'atelier monétaire, la légende : *le Peuple souverain*; de l'autre côté, la valeur de la pièce ; l'encadrement et le millésime seront comme dans le revers de la pièce de cinq décimes.

Décret portant que les fabricateurs de fausse monnaie étrangère, seront punis de la même peine que les fabricateurs de fausse monnaie nationale.

ART. I.er Les dispositions des articles I et II de la VI.ème section du titre I.er de la deuxième partie du code pénal (1) sont déclarées communes aux mon-

---

(1) ART. I.er de la VI.e section du titre I.er de la 2.e partie du code pénal : Quiconque sera convaincu d'avoir contrefait ou altéré les espèces ou monnaies nationales ayant cours, ou

B

naies étrangères et autres papiers ayant cours de monnaie en pays étranger.

Loi sur l'établissement de la comptabilité en livres, décimes et centimes.

Du 17 Frimaire an II.

ART. I.er A compter du 1.er Germinal de l'année actuelle, 2.e de la République, tous les marchés qui seront passés avec les fournisseurs et entrepreneurs de la République seront stipulés en livres, décimes et centimes.

II. Les comptes des dépenses publiques de toute espèce, de la présente année et des suivantes, au-lieu d'être rendus comme par le passé, en livres, sous et deniers, tournois, le seront en livres, décimes et centimes.

III. Dans la reddition des comptes des dépenses publiques pour la présente année, la réduction des sous et deniers en décimes et centimes sera faite par émargement à la fin de chaque chapitre de recette ou de dépense, conformément à la table annexée au présent décret. (Voyez le Tableau n.º 1.er)

---

d'avoir contribué sciemment à l'exposition desdites espèces de monnaies contrefaites ou altérées, ou à leur introduction dans l'enceinte de l'empire français, sera puni de la peine de quinze années de fers.

II. Quiconque sera convaincu d'avoir contrefait des papiers nationaux ayant cours de monnaie, ou d'avoir contribué sciemment à l'exposition desdits papiers contrefaits, ou à leur introduction dans l'enceinte du territoire français, sera puni de mort.

Loi qui ordonne la fabrication de cent cinquante millions de monnaie de cuivre.

Du 28 Germinal an III.

ART. I.er Il sera fabriqué jusqu'à la concurrence de cent cinquante millions de monnaie de cuivre, avec le métal de cloches épuré.

Loi portant que les sous d'ancienne fabrication continueront provisoirement d'avoir cours.

Du 19 Prairial an III.

LA Convention nationale décrète que les sous d'ancienne fabrication continueront à circuler comme par le passé, jusqu'à la nouvelle émission de la monnaie provenant du métal de cloches épuré.

Loi relative à la fabrication des pièces d'or.

Du 28 Thermidor an III.

ART. I.er Il sera fabriqué des pièces d'or.

II. Le titre sera de neuf parties de ce métal pur et et d'une partie d'alliage.

III. La tolérance du titre sera de trois millièmes en dedans, et de trois millièmes en dehors du titre fixé par l'article précédent.

IV. Chaque pièce sera à la taille de dix grammes.

V. La tolérance du poids sera d'un quatre centième en dedans, et d'un quatre centième en dehors du poids fixé par l'art. précédent.

VI. Ces pièces auront pour type la figure de la paix unie à l'abondance, avec la légende : *Paix et Abondance.*

B 2

VII. Sur le revers seront gravées deux branches enlacées, l'une de chêne, l'autre d'olivier, avec la légende : *République française.*

Au centre, on lira le poids de la pièce.

L'exergue exprimera, en chiffres arabes, l'an de l'ère républicaine.

Au-dessous sera gravé le signe indicatif de l'atelier où elle aura été fabriquée.

Lois relatives à la fabrication de la monnaie d'argent et de la petite monnaie.

Du 28 Thermidor an III et 28 Vendémiaire an IV.

TITRE I.

Dispositions générales sur les monnaies.

ART I.er L'unité monétaire portera désormais le nom de franc.

II. Le franc sera divisé en dix décimes ; le décime sera divisé en dix centimes.

III. Le titre et le poids des monnaies seront indiqués par les divisions décimales.

TITRE II.

De la monnaie d'argent.

ART. I.er Le titre de la monnaie d'argent sera de neuf parties de ce métal pur, et d'une partie d'alliage.

II. La tolérance du titre sera de sept millièmes en dedans, et de sept millièmes en dehors du titre fixé par l'art. précédent.

III. Il sera fabriqué des pièces d'un, de deux et de cinq francs.

IV. La pièce d'un franc sera à la taille de cinq grammes ;

Celle de deux francs, à la taille de dix grammes ;

Celle de cinq francs, à la taille de vingt - cinq grammes.

V. La tolérance du poids sera d'un deux centième en dedans, et d'un deux centième en dehors du poids fixé par l'art. précédent.

VI. Les pièces d'argent auront pour type la figure d'Hercule unissant l'Egalité et la Liberté, avec la légende : *Union et Force.*

Sur le revers seront gravées deux branches enlacées, l'une de chêne, l'autre d'olivier, avec la légende : *République française.*

Au centre, on lira la valeur de la pièce.

L'exergue exprimera, en chiffres arabes, l'an de l'ère républicaine.

Au dessous, sera gravé le signe indicatif de l'atelier monétaire.

La tranche des pièces de cinq francs portera ces mots : *Garantie nationale.*

TITRE III.

De la petite monnaie.

Art. I.er Il sera fabriqué, en métal de bronze épuré, des pièces d'un, de deux et de cinq centimes ; d'un et de deux décimes.

II. La pièce d'un centime sera à la taille d'un gramme ;
Celle de deux centimes, à la taille de deux grammes ;
Celle de cinq centimes, à la taille de cinq grammes ;
Celle d'un décime, à la taille de dix grammes ;
Celle de deux décimes, à la taille de vingt grammes.

III. La tolérance de poids sera de quarante pièces par kilogramme pour les pièces d'un centime ;

Vingt pièces par kilogramme pour celles de deux centimes ;

Huit pièces par kilogramme pour celles de cinq centimes ;

Quatre pièces par kilogramme pour celles d'un décime;

Deux pièces par kilogramme pour celles de deux décimes.

IV. La tolérance de poids sera évaluée moitié en dedans, moitié en dehors, du poids fixé par l'art. précédent.

V. Ces pièces auront pour type la figure de la Liberté, avec la légende : *République française.*

Le revers exprimera, au centre, la valeur de la pièce ;

Au-dessous, en forme d'exergue, l'an de l'ère républicaine.

Enfin, au bas, le signe indicatif de l'atelier monétaire.

Loi relative à la fabrication des monnaies.

Du 8 Frimaire an IV.

ART. II. Tout citoyen qui voudra convertir en monnaie, des matières d'or et d'argent, pourra les porter aux hôtels des monnaies ; la valeur réelle lui en sera payée en même métal, suivant le titre, sans aucune retenue pour frais de fabrication, droits de perception ou autres.

Arrêté portant qu'il ne sera admis dans les paiemens que le quarantième en monnaie de cuivre.

Du 14 Nivôse an IV.

IL ne pourra être admis, en paiement de tous les

droits et contributions de quelque nature qu'ils soient payables en numéraire, que le quarantième en monnaie de cuivre de la somme à payer indépendamment de l'appoint (*), le surplus devra être acquitté en espèces d'or et d'argent. Les percepteurs desdits droits et contributions seront personnellement comptables, en espèces d'or et d'argent, des sommes qu'ils auront reçues en monnaies de cuivre au-delà du quarantième de la somme due.

Loi portant des peines contre ceux qui décrieraient ou refuseraient les monnaies métalliques frappées au coin de la république.

Du 20 Ventôse an IV.

ART. Ier Ceux qui, par leurs discours et leurs écrits, décrieraient les monnaies métalliques frappées au coin de la république, seront poursuivis par voie de police correctionnelle, et condamnés aux peines les plus fortes que peuvent prononcer les tribunaux de police correctionnelle, c'est-à-dire deux années d'emprisonnement; en cas de récidive, ils seront poursuivis criminellement et punis de quatre années de fers.

II. Ceux qui refuseront de recevoir en paiement les monnaies métalliques frappées au coin de la république, pour les valeurs dont elles portent l'empreinte, seront punis, pour la première fois, d'une amende décuple de la somme refusée; pour la seconde fois, d'une amende centuple de la somme refusée; et

---

(*) Par une décision du Ministre des finances, du 21 vendémiaire an V, les cotes des contributions au-dessous de cinq francs peuvent être payées en totalité en billon.

B 4

pour la troisième fois, de deux années de détention.

III. Chaque jugement sera affiché aux frais du délinquant, dans tous les chefs-lieux de cantons du département dans l'arrondissement duquel il aura été rendu.

Loi portant que les pièces républicaines de cinq francs, seront reçues pour cinq livres un sou trois deniers tournois.

Du 25 Germinal an IV.

Les pièces de cinq francs frappées au coin de la république, seront reçues pour cinq livres un sou trois deniers tournois.

Arrêté portant que celui du 14 nivôse an IV, concernant l'emploi de la monnaie de cuivre dans les paiemens à faire aux différentes caisses publiques, sera publié dans les départemens réunis par la loi du 9 vendémiaire an IV.

Du 26 Prairial an IV.

Le directoire exécutif ordonne que l'arrêté du 14 nivôse dernier, concernant l'emploi de la monnaie de cuivre dans les paiemens à faire aux différentes caisses publiques, sera inséré au bulletin des lois, et publié dans les neuf départemens réunis par la loi du 9 vendémiaire an IV, pour y être exécuté selon sa forme et teneur.

*Arrêté concernant les pièces de billon de la valeur
de vingt-quatre deniers.*

Du 2 Fructidor an IV.

Les pièces de billon de la valeur de vingt-quatre
deniers, ne pourront être refusées pour cette valeur
entière, sous quelque prétexte que ce soit, lorsqu'il
restera de l'un ou de l'autre côté des vestiges de leur
empreinte.

---

*Loi qui prescrit un mode pour retirer de la circu-
lation les pièces en métal de bronze, fabriquées
en exécution de la loi du 28 thermidor an III.*

Du 3 Brumaire an V.

Art. Ier Le titre III du décret de la convention nationale du 28 thermidor de l'an III de la république,
relatif à la fabrication des pièces d'un, de deux et de
cinq centimes, d'un et de deux décimes en métal de
bronze épuré, est rapporté.

II. A compter de ce jour, et jusqu'au premier nivôse prochain, les pièces de cinq centimes, d'un et
de deux décimes, fabriquées en exécution du décret
de la convention nationale du 28 thermidor de l'an
III, seront reçues dans toutes les caisses de la république, en paiement des contributions directes et in-
directes, des domaines nationaux vendus et à vendre,
et généralement de tout ce qui est dû à la république,
en quelque quantité qu'elles y soient présentées, pour
la valeur dont elles portent l'empreinte.

III. A compter de la publication de la présente loi,

et jusqu'au premier nivôse prochain , la trésorerie nationale ne pourra effectuer aucun paiement en pièces de cinq centimes , d'un et de deux décimes , fabriquées en exécution du décret de la convention nationale du 28 thermidor de l'an III.

IV. A mesure que les pièces de cinq centimes , fabriquées en exécution du décret de la convention nationale du 28 thermidor de l'an III , rentreront dans les caisses publiques , elles seront portées aux hôtels des monnaies ou ateliers monétaires les plus voisins , pour y être refondues.

V. A mesure que les pièces d'un et de deux décimes , fabriquées en exécution du décret de la convention nationale du 28 thermidor de l'an III , rentreront dans les caisses publiques , elles seront portées aux hôtels des monnaies ou ateliers monétaires , pour y recevoir une nouvelle empreinte , savoir ; les pièces de deux décimes recevront l'empreinte d'un décime , et celles d'un décime recevront l'empreinte de cinq centimes.

VIII. Il sera donné en échange à ceux qui remettront les pièces de cinq centimes , d'un et de deux décimes , fabriquées en exécution du décret de la convention nationale du 28 thermidor de l'an III, le double en poids de monnaie de cuivre fabriquée en vertu de la nouvelle loi ; de sorte que pour une pièce d'un décime ou deux sous, il sera remis au porteur deux pièces de cinq centimes , dont chacune aura un poids égal à la pièce déposée. Il en sera de même pour les autres pièces.

Loi qui ordonne la fabrication d'une nouvelle monnaie de cuivre.

Du 3 Brumaire an V.

ART. I.er A dater de la publication de la présente loi , il sera fabriqué jusqu'à la concurrence de dix millions de monnaie de cuivre , en pièces d'un et cinq centimes et d'un décime.

II. La pièce d'un centime , ou cinquième de sou , sera du poids de deux grammes ou trente-huit grains; celle de cinq centimes, ou un sou , sera du poids de dix grammes ou cent quatre-vingt-dix grains ;
Celle d'un décime , ou deux sous , sera du poids de vingt grammes ou trois cent quatre - vingt grains.

III. En conséquence de l'article précédent, les pièces d'un centime seront à la taille de cinq cents par kilogramme , c'est-à-dire que dans trente-deux onces cinq gros quarante-neuf grains, on fabriquera cinq cents pièces ; celles de cinq centimes seront à la taille de cent par kilogramme , et celles d'un décime seront à la taille de cinquante par kilogramme.

IV. La tolérance de poids sera de vingt pièces par kilogramme pour les pièces d'un centime ; de quatre pièces par kilogramme pour les pièces de cinq centimes ;
Et de deux pièces par kilogramme pour les pièces d'un décime.

V. La tolérance de poids sera évaluée moitié en dedans , moitié en dehors du poids fixé par l'article précédent.

VI. Les pièces d'un , de cinq centimes et d'un décime , auront pour type la figure de la liberté , avec la légende : *République française.* Le revers exprimera , au centre, la valeur de la pièce ; au-dessous, en forme d'exergue, l'an de l'ère républicaine , et au bas le signe indicatif de l'hôtel des monnaies ou de l'atelier monétaire , avec le différent du graveur.

Arrêté qui ordonne que les pièces de billon de vingt-quatre deniers seront reçues pour cette valeur entière.

Du 18 Vendémiaire an VI.

ART. I.er Les pièces de billon connues sous la dénomination de monnaie grise , de la valeur de vingt-quatre deniers, ne pourront être refusées pour cette valeur entière , sous quelque prétexte que ce soit , lorsqu'il restera de l'un ou de l'autre côté quelque vestige de leur empreinte.

II. Tous contrevenans à cette disposition seront poursuivis et condamnés aux peines prononcées par les lois contre ceux qui refusent de recevoir les monnaies nationales pour les valeurs qui leur ont été données lors de leur fabrication.

III. Lesdites pièces seront admises dans les paiemens de tous les droits et contributions publiques , à raison du quarantième desdits paiemens , indépendamment de l'appoint , ainsi qu'il a été ordonné pour les monnaies de cuivre par l'arrêté du 14 nivôse an IV.

Loi qui ordonne la fabrication d'une monnaie de cuivre jusqu'à concurrence de dix millions.

Du 29 Pluviôse an VII.

ART. I.er Il sera incessamment fabriqué, jusqu'à concurrence de dix millions, une monnaie de cuivre, ainsi qu'il est réglé par les lois existantes : moitié de cette somme sera frappée en pièces d'un décime, et moitié en pièces de cinq centimes.

II. L'émission de cette monnaie dans la circulation, n'aura lieu qu'au fur et à mesure des rentrées qui s'opéreront dans les caisses publiques, de la monnaie de métal de cloches, dont le mode de retirement sera réglé par une loi particulière.

Loi qui fixe les règles de comptabilité, conformément au nouveau système des poids et mesures.

Du 17 Floréal an VII.

ART. I.er A compter du 1.er vendémiaire prochain, toutes stipulations et comptes de valeurs monétaires pour le service public de l'exercice de l'an VIII, ne pourront être énoncés qu'en francs et fractions décimales de francs : en conséquence, les traitemens des fonctionnaires publics, et les impositions de toute nature de l'exercice de l'an VIII, seront calculés et payés en ces valeurs, en substituant le franc à l'ancienne livre tournois.

II. A partir de la même époque, toutes transactions ou actes entre particuliers, exprimeront également les sommes en francs, décimes et centimes, ou les sommes seront censées évaluées de cette manière, quand même elles seraient énoncées en livres, sous et deniers.

III. L'acquittement des obligations antérieures à l'époque ci-dessus désignée, soit entre particuliers, soit pour le service public, sera fait en valeur de l'ancienne livre tournois, quand même l'expression de franc se trouverait écrite dans les actes au-lieu de celle de livre; sauf le cas où la valeur du nouveau franc aurait été formellement stipulée.

IV. Les pièces d'or et d'argent à l'ancien type et au poids légal, continueront d'avoir cours, même pour les paiemens à faire en francs; mais à la charge par celui qui se libérera, d'ajouter un centime et un quart (trois deniers) à chaque livre, afin de les porter à la valeur de francs.

V. Les contributions des exercices antérieurs à celui de l'an VIII, continueront à être payées, jusqu'à leur entière solution, en livres tournois; il en sera compté en la même forme.

VI. Les percepteurs et autres receveurs des contributions de l'an VII, ne seront admis à compter tous les deniers perçus au 1.er vendémiaire an VIII sur les contributions antérieures à cette même année, que jusqu'au 5 vendémiaire inclusivement; et ceux-ci, chez le receveur général, que jusqu'au 10 du même mois, aussi inclusivement : ces délais passés, ils seront responsables de la différence de la livre tournois au franc.

VII. Le directoire exécutif demeure chargé de donner des ordres pour la vérification des caisses, d'après les époques ci-dessus indiquées; et les receveurs généraux en adresseront les résultats au ministre des finances et à la trésorerie.

VIII. Les prix des fermages des domaines nationaux, stipulés antérieurement à la publication de la présente loi, seront payés, pour tous les termes échus à l'époque du 1.er vendémiaire prochain, en livres tournois; ils seront ensuite acquittés de même jusqu'à l'expiration des baux : mais les quittances, ainsi que les registres, porteront, après l'énoncé des sommes en livres tournois, leur réduction en francs et centimes de francs, afin qu'il en soit compté de même au trésor public.

IX. Les deux semestres des rentes et pensions de l'an VIII seront payés en francs, c'est-à-dire, un franc par chaque livre, sans modification ni réduction ; il en sera de même des semestres à écheoir à l'avenir.

Loi concernant la fabrication de dix millions de monnaie de cuivre.

Du 9 Fructidor an VII.

ART. I.er Il sera prélevé sur la monnaie de cuivre fabriquée en éxécution de la loi du 29 pluviôse dernier, et mise en réserve, les sommes nécessaires pour payer les frais de fabrication dus, et ceux que la continuation de cette fabrication nécessitera.

II. Ladite somme de dix millions, déduction faite des frais de fabrication, sera versée à la trésorerie nationale, pour faire partie des fonds destinés au service de l'an VIII.

III. Les dispositions de la loi du 29 pluviôse dernier, qui suspendaient l'émission de cette nouvelle monnaie, sont rapportées.

Arrêté concernant l'application du calcul par franc et fraction du franc à la comptabilité publique.

Du 26 Vendémiaire an VIII.

ART. I.er Les deux tableaux annexés au présent arrêté, établicsant, le premier, la valeur du franc et des fractions du franc relativement à la livre tournois et à ses fractions (Voyez le tableau n.º 2); le second, cette dernière valeur comparée à la première (Voyez le tableau n.º 3), serviront de base et de règle pour la comptabilité publique, à compter de l'an VIII.

II. La monnaie, soit de cuivre, soit de métal de cloche allié de cuivre, à l'ancien type, et celle de billon, connue vulgairement sous la dénomination de monnaie grise, seront employées en recette et en dépense comme fractions du franc, ainsi que les pièces d'un décime, de cinq centimes et d'un centime, et pour la même valeur que ces pièces, à compter de la même époque.

Arrêté contenant un tarif pour la valeur des pièces d'or, d'argent, de billon et de cuivre qui ont cours dans la 27.ème division militaire.

Du 13 Frimaire an X.

ART. I.er Les pièces d'or, d'argent, de billon et de cuivre, en circulation dans la 27.ème division militaire, n'y auront cours, à compter de la publication du présent arrêté, que pour les valeurs portées dans le tarif ci-joint (N.° 4), tant en livres de Piémont qu'en francs.

———————

Loi sur la fabrication et la vérification des monnnaies.

Du 7 Germinal an XI.

TITRE PREMIER.

De la fabrication des monnaies.

ART. I.ᵉʳ Les pièces de monnaie d'argent seront d'un quart de franc, d'un demi-franc, de trois quarts de franc, d'un franc, de deux francs et de cinq francs.

II. Leur titre est fixé à neuf dixièmes de fin et un dixième d'alliage.

III. Le poids de la pièce d'un quart de franc sera d'un gramme vingt-cinq centigrammes ;
Celui de la pièce d'un demi-franc, de deux grammes cinq décigrammes ;
Celui de la pièce de trois quarts de franc, de trois grammes soixante-quinze centigrammes ;
Celui de la pièce d'un franc, de cinq grammes ;
Celui de la pièce de deux francs, de dix grammes ;
Et celui de la pièce de cinq francs, de vingt-cinq grammes,

IV. La tolérance du titre sera, pour la monnaie d'argent, de trois millièmes en dehors, autant en dedans.

V. La tolérance de poids sera, pour les pièces d'un quart de franc, de dix millièmes en dehors, autant en dedans ; pour les pièces d'un demi - franc et de trois quarts de franc, de sept millièmes en dehors,

C

autant en dedans ; pour les pièces d'un franc et de deux francs, de cinq millièmes en dehors, autant en dedans ; et pour les pièces de cinq francs, de trois millièmes en dehors, autant en dedans.

VI. Il sera fabriqué des pièces d'or de vingt francs et de quarante francs.

VII. Leur titre est fixé à neuf dixièmes de fin et un dixième d'alliage.

VIII. Les pièces de vingt francs seront à la taille de cent cinquante-cinq pièces au kilogramme, et les pièces de quarante francs, à celle de soixante-dix-sept et demie.

IX. La tolérance du titre de la monnaie d'or est fixée à deux millièmes en dehors, autant en dedans.

X. La tolérance de poids est fixée à deux millièmes en dehors, autant en dedans.

XI. Il ne pourra être exigé de ceux qui porteront les matières d'or ou d'argent à la monnaie, que les frais de fabrication.

Ces frais sont fixés à neuf francs par kilogramme d'or, et à trois francs par kilogramme d'argent.

XII. Lorsque les matières seront au - dessous du titre monétaire, elles supporteront les frais d'affinage ou de départ.

Le montant de ces frais sera calculé sur la portion desdites matières qui doit être purifiée, pour élever la totalité au titre monétaire.

XIII. Il sera fabriqué des pièces de cuivre pur de deux centimes, de trois centimes et de cinq centimes.

XIV. Le poids des pièces de deux centimes sera de quatre grammes ;

Celui des pièces de trois centimes, de six grammes;
Et celui des pièces de cinq centimes, de dix grammes.

XV. La tolérance de poids sera, pour les pièces de cuivre, d'un cinquantième en dehors.

XVI. Le type des pièces de monnaies est réglé comme il suit :

Sur une des surfaces des pièces d'or, d'argent et de cuivre, la tête du premier consul, avec la légende *Bonaparte, premier consul;*

Sur le revers, deux branches d'olivier, au milieu desquelles on placera la valeur de la pièce; et en dehors, la légende *République française,* avec l'année de la fabrication.

Sur les pièces d'or et de cuivre, la tête regardera la gauche du spectateur; et sur les pièces d'argent, elle regardera la droite.

La tranche des pièces de cinq francs portera cette légende : *Dieu protège la France.*

XVII. Le diamètre de chaque pièce sera déterminé par un réglement d'administration publique.

TITRE II.

De la vérification des monnaies.

XVIII. Les monnaies fabriquées aux termes de la présente, ne seront mises en circulation qu'après vérification de leur titre et de leur poids; cette vérification se fera sous les yeux de l'administration des monnaies, immédiatement après l'arrivée des échantillons.

XIX. Les directeurs de fabrication pourront assister

en personne aux vérifications, ou se faire représenter
par un fondé de pouvoir.

XX. L'administration dressera procès - verbal des
opérations relatives à la vérification des monnaies;
elle enverra ce procès - verbal aux ministres des finances et du trésor public, avec sa décision.

XXI. Les pièces qui auront servi à constater l'état
de la fabrication, resteront déposées aux archives
de l'administration des monnaies pendant cinq ans.
Elles seront ensuite passées en recette au caissier,
qui les enverra à la fonte.

XXII. En cas de fraude dans le choix des échantillons, les auteurs, fauteurs et complices de ce délit, seront poursuivis comme faux monnayeurs.

———————

*Loi relative aux pièces d'or et d'argent rognées
ou altérées.*

Du 14 Germinal an XI.

ART. I.ᵉʳ A compter du jour de la publication de la
présente, les pièces d'or de vingt-quatre et de quarante-
huit livres tournois, rognées ou altérées, ne seront
admissibles dans les payemens qu'au poids.

II. Il en sera de même des pièces de six livres tournois
rognées.

III. Les pièces dénommées dans les articles précédens seront portées aux hôtels des monnaies pour
être refondues ; elles y seront échangées contre des
pièces neuves, sans aucune retenue de frais de fabrication.

· IV. Le tarif, suivant lequel ces pièces seront reçues dans les payemens et aux hôtels des monnaies, sera déterminé par un réglement d'administration publique. (Voyez les Tableaux N.ᵒˢ 5 et 6).

V. Les auteurs, fauteurs et complices de l'altération et de la contrefaçon des monnaies nationales, seront punis de mort.

Arrêté relatif aux frais d'affinage des matières et espèces d'or et d'argent d'un titre inférieur à celui des nouvelles espèces.

Du 4 Prairial an XI.

ART. I.ᵉʳ Les frais d'affinage des matières et espèces d'argent apportées aux changes des monnaies, dont le titre se trouvera inférieur à celui des nouvelles espèces, sont fixés et seront perçus conformément au tarif annexé au présent arrêté. (Voyez le Tableau N.ᵒ 7).

II. Les frais d'affinage des matières et espèces d'or sont fixés à trente-deux francs par kilogramme de fin, contenu dans la portion des matières qui sera soumise à cette opération.

Arrêté contenant les tarifs du change des espèces d'argent et d'or de France, antérieures aux refontes de 1726 et de 1785, et des espèces et matières étrangères.

Du 17 Prairial an XI.

ART. I.ᵉʳ Les espèces d'argent de France antérieures à la refonte ordonnée en 1726, les espèces étrangères et autres matières d'argent, les espèces d'or de France antérieures à la refonte ordonnée en 1785, les espèces étrangères et autres matière d'or, seront payées au change, conformémeut aux tarifs ci-annexés. (Voyez les Tableaux N.ᵒˢ 8 et 9).

Arrêté relatif aux piastres destinées à être converties en monnaies nationales.

Du 26 Prairial an XI.

ART. I.ᵉʳ Les piastres qui seront apportées aux hôtels des monnaies pour être converties en monnaies nationales, ne seront point assujetties aux frais d'affinage, dont la retenue est ordonnée par l'art. XII de la loi du 7 Germinal an XI.

Lettre du Ministre des finances aux Préfets des Départemens, relative à l'admission au change ou dans la circulation des pièces d'or de vingt-quatre et quarante-huit livres, et des écus de six livres tournois.

Du cinq messidor an XI.

LES questions qui m'ont été adressées, citoyen Préfet, sur l'exécution de la loi du 14 Germinal dernier, concernant les monnaies, m'ont déterminé à faire à ce sujet un rapport au gouvernement.

Le Conseil d'état, auquel le renvoi en a été fait, a pris, le 25 Prairial dernier, une délibération, approuvée par le Gouvernement le 26 du même mois, portant, 1.º que les pièces d'or de vingt-quatre et de quarante-huit livres tournois, qui se trouveraient au dessous du poids déterminé par la déclaration du 30 Octobre 1785, ne doivent être reçues et données en payement que *pour le poids qu'elles ont conservé.* Celui déterminé par la déclaration de 1785, est de cent quarante-quatre grains (1), ou au-moins de cent quarante-trois et demi, d'après la tolérance autorisée par les lois, ce poids est double pour les pièces de quarante-huit livres.

2.º Que la rognure est le seul motif qui puisse autoriser à ne pas recevoir les pièces de six livres tournois pour leur valeur nominale, et que les pièces rognées doivent néanmoins continuer d'être reçues et données en payement, mais seulement pour *le poids qu'elles ont conservé*.

Ainsi, les pièces d'or de vingt-quatre et quarante-huit livres tournois, fabriquées en vertu de la déclaration du 30 Octobre 1785, qui ont conservé le poids déterminé par cette déclaration, sont les seules admissibles pour leur valeur nominale; et celles non-seulement *rognées* ou *altérées*, mais encore celles qui se trouveraient au-dessous du poids déterminé par ladite déclaration, ne doivent être reçues et données en payement que pour le poids qu'elles ont conservé, et au prix fixé par le tarif.

Et relativement aux pièces de six livres tournois, ce ne sont uniquement que celles *rognées* qui ne peuvent être reçues qu'au poids, et payées au prix fixé par le tarif; et celles *non-rognées* doivent continuer d'avoir cours pour leur valeur nominale, sans égard à ce qu'elles auraient pu perdre pour le frai seulement. (Voyez les Tableaux N.ᵒˢ 5 et 6).

---

(1) 144 grains équivalent à 7 grammes 648 milligrammes.
143 grains ÷ .... à 7 grammes 622 milligrammes.
(*Circulaire du Ministre du Trésor public aux Receveurs généraux, du 12 Messidor an 11*).

Arrêté relatif au change des écus de trois livres et des pièces de vingt-quatre sous, douze et six sous, qui n'ont conservé aucune trace de leur empreinte.

Du 6 Fructidor au XI.

ART. Ier Les écus de trois livres, et les pièces de vingt-quatre sous, douze et six sous, qui n'ayant conservé aucune trace de leur empreinte ont perdu, aux termes des anciennes lois, le caractère de monnaie, seront reçues au change d'après leur poids, savoir :

Les écus de trois livres, sur le pied réglé par le tarif arrêté pour les écus de six livres rognés. (Voyez le Tableau N.° 6).

Les pièces de vingt-quatre sous, à raison de cent quatre-vingt-quinze francs le kilogramme.

Celles de douze sous, à raison de cent quatre-vingt-dix-sept francs vingt-deux centimes le kilogramme.

Et celles de six sous, à raison de cent quatre-vingt-huit francs vingt centimes le kilogramme : le tout conformément au résultat des expériences faites par l'administration des monnaies sur une grande quantité des pièces extraites de la circulation.

II. Les écus de trois livres, et les pièces de vingt-quatre sous, douze sous, et six sous, qui *conserveront quelques traces de leur empreinte*, continueront d'être reçues et données en payement sans difficulté.

TABLE pour convertir les Sous et Deniers de la Livre numéraire, en Décimes et Centimes de la même Livre.

SOUS \ DENIERS	0	1	2	3	4	5	6	7	8	9	10	11
0	0	00	01	01	02	02	03	03	03	04	04	05
1	5	5	6	6	7	7	8	8	8	9	9	10
2	10	10	11	11	12	12	13	13	13	14	14	15
3	15	15	16	16	17	17	18	18	18	19	19	20
4	20	20	21	21	22	22	23	23	23	24	24	25
5	25	25	26	26	27	27	28	28	28	29	29	30
6	30	30	31	31	32	32	33	33	33	34	34	35
7	35	35	36	36	37	37	38	38	38	39	39	40
8	40	40	41	41	42	42	43	43	43	44	44	45
9	45	45	46	46	47	47	48	48	48	49	49	50
10	50	50	51	51	52	52	53	53	53	54	54	55
11	55	55	56	56	57	57	58	58	58	59	59	60
12	60	60	61	61	62	62	63	63	63	64	64	65
13	65	65	66	66	67	67	68	68	68	69	69	70
14	70	70	71	71	72	72	73	73	73	74	74	75
15	75	75	76	76	77	77	78	78	78	79	79	80
16	80	80	81	81	82	82	83	83	83	84	84	85
17	85	85	86	86	87	87	88	88	88	89	89	90
18	90	90	91	91	92	92	93	93	93	94	94	95
19	95	95	96	96	97	97	98	98	98	99	99	100

N.º 2.   *TABLE de la valeur des Francs en Livres tournois.*

Francs.	Livres.	Sous.	Den.	Francs.	Livres	Sous.	Den.
1........	1	//	3	600........	607	10	//
2........	2	//	6	700........	708	15	//
3........	3	//	9	800........	810	//	//
4........	4	1	//	900........	911	5	//
5........	5	1	3	1,000........	1,012	10	//
6........	6	1	6	2,000........	2,025	//	//
7........	7	1	9	3,000........	3,037	10	//
8........	8	2	//	4,000........	4,050	//	//
9........	9	2	3	5,000........	5,062	10	//
10........	10	2	6	6,000........	6,075	//	//
20........	20	5	//	7,000........	7,087	10	//
30........	30	7	6	8,000........	8,100	//	//
40........	40	10	//	9,000........	9,112	10	//
50........	50	12	6	10,000........	10,125	//	//
60........	60	15	//	20,000........	20,250	//	//
70........	70	17	6	30,000........	30,375	//	//
80........	81	//	//	40,000........	40,500	//	//
90........	91	2	6	50,000........	50,625	//	//
100........	101	5	//	60,000........	60,750	//	//
200........	202	10	//	70,000........	70,875	//	//
300........	303	15	//	80,000........	81,000	//	//
400........	405	//	//	90,000........	91,125	//	//
500........	506	5	//	100,000........	101,250	//	//

Pour expédition conforme, *signé* GOHIER, *président;*
Par le Directoire exécutif, *le secrétaire général,* LAGARDE.

N.º 3. *TABLEAU comparatif de la différence entre la valeur de la livre tournois et celle du franc.*

Livres.	Sous.	Francs.	Cent.		Livres.	Francs.	Cent.
″	1	0	05		15	14	81
″	2	0	10		16	15	80
″	3	0	15		17	16	79
″	4	0	20		18	17	78
″	5	0	25		19	18	77
″	6	0	30		20	19	75
″	7	0	35		21	20	74
″	8	0	40		22	21	73
″	9	0	44		23	22	72
″	10	0	49		24	23	70
″	11	0	54		25	24	69
″	12	0	59		26	25	68
″	13	0	64		27	26	67
″	14	0	69		28	27	65
″	15	0	74		29	28	64
″	16	0	79		30	29	63
″	17	0	84		31	30	62
″	18	0	89		32	31	60
″	19	0	94		33	32	59
1		0	99		34	33	58
2		1	98		35	34	57
3		2	96		36	35	56
4		3	95		37	36	54
5		4	94		38	37	53
6		5	93		39	38	52
7		6	91		40	39	51
8		7	90		41	40	49
9		8	89		42	41	48
10		9	88		43	42	47
11		10	86		44	43	46
12		11	85		45	44	44
13		12	84		46	45	43
14		13	83		47	46	42

D 2

Suite du N.º 3.

Livres.	Francs.	Cent.	Livres.	Francs.	Cent.
48	47	41	83	81	98
49	48	40	84	82	96
50	49	38	85	83	95
51	50	37	86	84	94
52	51	36	87	85	93
53	52	35	88	86	91
54	53	33	89	87	90
55	54	32	90	88	89
56	55	31	91	89	88
57	56	30	92	90	86
58	57	28	93	91	85
59	58	27	94	92	84
60	59	26	95	93	83
61	60	25	96	94	81
62	61	23	97	95	80
63	62	22	98	96	79
64	63	21	99	97	78
65	64	20	100	98	77
66	65	19	200	197	53
67	66	17	300	296	30
68	67	16	400	395	06
69	68	15	500	493	83
70	69	14	600	592	59
71	70	12	700	691	36
72	71	11	800	790	12
73	72	10	900	888	89
74	73	09	1,000	987	65
75	74	07	2,000	1,975	31
76	75	06	3,000	2,962	96
77	76	05	4,000	3,950	62
78	77	04	5,000	4,938	27
79	78	02	6,000	5,925	93
80	79	01	7,000	6,913	58
81	80	//	8,000	7,901	23
82	80	99	9,000	8,888	89

Suite du N°. 3.

Livres.		Francs.	Cent.	Livres.		Francs.	Cent.
10,000	……	9,876	54	600,000	……	592,592	59
20,000	……	19,753	09	700,000	……	691,353	02
30,000	……	29,629	63	800,000	……	790,123	46
40,000	……	39,506	17	900,000	……	888,888	89
50,000	……	49,382	72	1,000,000	……	987,654	32
60,000	……	59,259	26	2,000,000	……	1,975,308	64
70,000	……	69,135	80	3,000,000	……	2,962,962	96
80,000	……	79,012	35	4,000,000	……	3,950,617	28
90,000	……	88,888	89	5,000,000	……	4,938,271	60
100,000	……	98,765	43	6,000,000	……	5,925,925	93
200,000	……	197,530	86	7,000,000	……	6,913,580	25
300,000	……	296,296	30	8,000,000	……	7,901,234	57
400,000	……	395,061	73	9,000,000	……	8,888,888	89
500,000	……	493,827	16	10,000,000	……	9,876,543	21

Pour expédition conforme, *signé* GOHIER, *président ;*

Par le Directoire exécutif, *le secrétaire général,* LAGARDE.

N.º 4. *TARIF des Espèces d'Or et d'Argent, etc., qui ont cours dans la vingt-septième Division Militaire.*

OR.	LIVRES de Piémont.			FRANCS.		ARGENT.	LIVRES de Piémont.			FRANCS.	
	l.	s.	d.				l.	s.	d.		
Louis de France.................	20	"	"	23f	70c	Ecu de France...................	5	"	"	5f	94c
Double de Piémont..............	24	"	"	28	45	Pièces de 5 francs..............	4	4	4	5	"
Marengo.......................	16	17	6	20	"	Ecu de Piémont.................	6	"	"	7	11
						Pièces de 5 francs subalpine.......	4	4	4	5	"
Sequins, { de Milan.....	9	16	4	11	63	Ecu de Milan....................	3	16	8	4	54
de Gènes.....	9	18	4	11	75	Ecu neuf de Gênes..............	5	9	4	6	48
de Venise.....	9	19	"	11	79	Croson, ou Couronne impériale....	4	15	8	5	73
de Florence ..	9	18	8	11	75	Taller.........................	4	8	"	5	27
de Rome.....	9	13	7	11	77	Francescone....................	4	12	6	5	48
						Piastre neuve..................	4	9	2	5	29
Souveraine....................	29	"	"	34	37	**BILLON.**					
Quadruple d'Espagne { avant 1772....	69	16	"	82	73	Pièce de huit sous..............	"	8	"	" 47 / ou 47	40 / "½
{ de 1772 à 1785.	69	2	6	81	93	Pièce de sept sous et demi.........	"	7	6	"	44 44
Portugaise neuve.................	74	16	2	86	67	**CUIVRE.**					
Quadruple de Gènes.............	65	8	8	77	55	Pièce de deux sous................	"	2	"	" 11 / ou 11	85 / "¼
Double de Milan.................	16	7	"	19	38						
Ruspon.......................	29	16	"	35	32						

Certifie conforme, le secrétaire d'état, *signé* HUGUES B. MARET.

Le Ministre des Finances, *signé* GAUDIN.

O R.

*TARIF du Prix auquel doivent être payés, au Change, les
Louis fabriqués en vertu de la Déclaration du 30 octobre 1785,
en conformité de la Loi du 7 germinal an 11, qui ordonne
que les nouvelles Pièces d'or seront fabriquées au titre de
neuf cents millièmes, et à la taille de 155 pièces de 20 fr.,
et de 77 pièces et demie de 40 fr. au kilogramme ; et de celle
du 14 du même mois, qui affranchit du droit de retenue les
Louis de ladite fabrication ; et aussi d'après un Arrêté du
Gouvernement du 16 du susdit mois, qui en a fixé le titre
à neuf cent un millièmes.*

	f	c	millièmes
1 Décigramme vaut	0	31	034
2	0	62	069
3	0	93	103
4	1	24	138
5	1	55	172
6	1	86	207
7	2	17	241
8	2	48	276
9	2	79	310
1 Gramme vaut	3	10	344
2	6	20	689
3	9	31	033
4	12	41	378
5	15	51	722
6	18	62	067
7	21	72	411
8	24	82	756
9	27	93	100
10	31	03	444
20	62	06	889
30	93	10	333
40	124	13	778
50	155	17	222
60	186	20	667

Suite du N.º 5.

70 Grammes valent................................	217^f	24^c	111 millièmes.
80	248	27	556
90	279	31	000
100	310	34	444
200	620	68	889
300	931	03	333
400	1,241	37	778
500	1,551	72	222
600	1.862	06	667
700	2,172	41	111
800	2,482	75	556
900	2,793	10	000
1,000	3,103	44	444

NOTA. Le centigramme de Louis vaut trois centimes cent trois millièmes ; il équivaut à un cinquième de grain environ, poids de marc. Il n'est guère possible d'en faire usage dans une recette courante ; mais on emploiera, dans les petites pesées, le quart de décigramme, correspondant à vingt-cinq milligrammes.

L'Administration des Monnaies,

Signé GUYTON, DIBARRART et SIVARD.

Vu et approuvé, Paris, le 15 Floréal an 11,

Le Ministre des Finances, *signé* GAUDIN.

ARGENT.

TARIF du Prix auquel doivent être payés, au Change, les Écus de six livres rognés ou altérés, en conformité de la Loi du 7 germinal an XI, qui ordonne que les nouvelles pièces d'Argent seront fabriquées au titre de neuf cents millièmes; que le franc, unité monétaire, sera du poids de cinq grammes, et les autres pièces dans une proportion exacte avec leur valeur; et celle du 14 du même mois, qui affranchit lesdits Écus du droit de retenue, et aussi d'après l'Arrêté du Gouvernement du 16 du susdit mois, qui en a fixé le titre à neuf cent six millièmes.

	0^f	20^c	$133^{millièmes.}$
1 Gramme vaut...............	0	20	133
2	0	40	267
3	0	60	400
4	0	80	533
5	1	00	667
6	1	20	800
7	1	40	933
8	1	61	067
9	1	81	200
10	2	01	333
20	4	02	667
30	6	04	000
40	8	05	333
50	10	06	667
60	12	08	000
70	14	09	333
80	16	10	667

E

Suite du N.º 6.

90 Grammes valent............	18ᶠ	12ᶜ	000 millièmes.
100	20	13	333
200	40	26	667
300	60	40	000
400	80	53	333
500	100	66	667
600	120	80	000
700	140	93	333
800	161	06	666
900	181	20	000
1,000	201	33	333

NOTA. Dans les pesées des Écus de *six livres* inférieures à un kilogramme, les caissiers seront tenus d'employer le décigramme (environ deux grains poids de marc, valant deux centimes.)

L'Administration des Monnaies,

Signé GUYTON, DIBARRART, SIVARD.

Vu et approuvé, Paris, le 15 Floréal an 11,

Le Ministre des Finances, GAUDIN.

N.º 7.

TARIF des frais d'Affinage qui seront perçus au change des Monnaies, en exécution de l'article 12 de la loi du 7 Germinal an XI, sur les espèces et matières d'Argent d'un titre inférieur à celui des nouvelles espèces.

Depuis le titre				
de 0.899..... descendant jusqu'à .....0.890 inclusivement.	4^f	10^c
de 889.........idem...........880...............	4	20
de 879.........idem...........870...............	4	30
de 869.........idem...........860...............	4	40
de 859.........idem...........850...............	4	50
de 849.........idem...........840...............	4	60
de 839.........idem...........830...............	4	70
de 829.........idem...........820...............	4	80
de 819.........idem...........810...............	4	90
de 809.........idem...........800...............	5	00
de 799.........idem...........790...............	5	10
de 789.........idem...........780...............	5	20
de 779.........idem...........770...............	5	30
de 769.........idem...........760...............	5	40
de 759.........idem...........750...............	5	50
de 749.........idem...........740...............	5	60
de 739.........idem...........730...............	5	70
de 729.........idem...........720...............	5	80
de 719.........idem...........710...............	5	90
de 709.........idem...........700...............	6	00
de 699.........idem...........690...............	6	10
de 689.........idem...........680...............	6	20
de 679.........idem...........670...............	6	30
de 669.........idem...........660...............	6	40
de 659.........idem...........650...............	6	50
de 649.........idem...........640...............	6	60
de 639.........idem...........630...............	6	70
de 629.........idem...........620...............	6	80
de 619.........idem...........610...............	6	90
de 609.........idem...........600...............	7	00
de 599.........idem...........590...............	7	10
de 589.........idem...........580...............	7	20
de 579.........idem...........570...............	7	30
de 569.........idem...........560...............	7	40
de 559.........idem...........550...............	7	50
de 549.........idem...........540...............	7	60

Suite du N.º 7.

Depuis le titre } de 0.539..... { descendant jusqu'à } .....0.530 inclusivement.					7ᶠ	70ᶜ
de	529	idem	520		7	80
de	519	idem	510		7	90
de	509	idem	500		8	00
de	499	idem	490		8	10
de	489	idem	480		8	20
de	479	idem	470		8	30
de	469	idem	460		8	40
de	459	idem	450		8	50
de	449	idem	440		8	60
de	439	idem	430		8	70
de	429	idem	420		8	80
de	419	idem	410		8	90
de	409	idem	400		9	00
de	399	idem	390		9	10
de	389	idem	380		9	20
de	379	idem	370		9	30
de	369	idem	360		9	40
de	359	idem	350		9	50
de	349	idem	340		9	60
de	339	idem	330		9	70
de	329	idem	320		9	80
de	319	idem	310		9	90
de	309	idem	300		10	00
de	299	idem	290		10	20
de	289	idem	280		10	40
de	279	idem	270		10	60
de	269	idem	260		10	80
de	259	idem	250		11	00
de	249	idem	240		11	20
de	239	idem	230		11	40
de	229	idem	220		11	60
de	219	idem	210		11	80
de	209	idem	200		12	00
Tout titre inf.ʳ à 200 paiera					14	00

Certifié conforme, le secrétaire d'état, *signé* HUGUES B. MARET.

Le ministre des finances, *signé* GAUDIN.

ARGENT.

TARIF du Prix auquel doivent être payées au ehange les espèces de France antérieures à la refonte ordonnée en 1726, les espèces étrangères et autres matières d'Argent, en conformité de la loi du 7 Germinal an XI, qui ordonne que les nouvelles pièces d'Argent seront fabriquées au titre de neuf cents millièmes ; que le franc, unité monétaire, sera du poids de cinq grammes, et les autres pièces dans une proportion exacte avec leur valeur ; et qui fixe la retenue pour frais de fabrication à trois francs par kilogramme d'Argent au titre des nouvelles Monnaies.

DÉNOMINATION DES PIÈCES.	TITRES	VALEURS.
	1000	218^f 88^c $\frac{889}{1000}$
	999	218 67
	998	218 45
	997	218 23
	996	218 01
	995	217 79
	994	217 58
	993	217 36
	992	217 14
	991	216 92
	990	216 70
	989	216 48
	988	216 26
	987	216 04
	986	215 82
	985	215 61
	984	215 39
Gros écus du Palatinat......................	983	215 17
	982	214 95
	981	214 73
	980	214 51
	979	214 29
	978	214 07
	977	213 85
Gros écus de Nassau-Weilbourg............	976	213 64

DENOMINATION DES PIÉCES	TITRES.	VALEURS.
	975	213^f 42^c
	974	213 20
	973	212 98
	972	212 76
	971	212 54
	970	212 32
	969	212 10
	968	211 88
	967	211 67
	966	211 45
	965	211 23
	964	211 01
	963	210 79
	962	210 57
	961	210 35
	960	210 13
	959	209 91
	958	209 70
	957	209 48
	956	209 26
	955	209 04
	954	208 82
	953	208 60
	952	208 38
Jetons de France, et roupies de Pondychéry.	951	208 16
	950	207 94
	949	207 73
Argenterie au poinçon de Paris, tant plate non soudée que plate soudée, et roupies du Mongol....................................	948	207 51
	947	207 29
	946	207 07
	945	206 85
Roupies de Madras......................	944	206 63
	943	206 41
	942	206 19

Suite du N.º 8.

DENOMINATION DES PIECES.	TITRES.	VALEURS.	
Roupies d'Arcate des Indes..............	941	205ᶠ	97ᶜ
	940	205	76
	939	205	54
Vaisselle montée de Paris, et philippes de Milan..	938	205	32
	937	205	10
	936	204	88
	935	204	66
Vaisselle plate des départemens............	934	204	44
	933	204	22
	932	204	00
	931	203	79
	930	203	57
	929	203	35
	928	203	13
Vaisselle plate soudée et vaisselle montée des départemens.............................	927	202	91
	926	202	69
	925	202	47
	924	202	25
	923	202	03
	922	201	82
	921	201	60
Couronnes et shelings d'Angleterre ; et vaisselle anglaise.............................	920	201	38
	919	201	16
	918	200	94
Ducatons de Liége......................	917	200	72
	916	200	50
	915	200	28
	914	200	06
Ecus de France avant 1726, de 8, 9, 10, et 10 $\frac{5}{7}$ au marc......................	913	199	85
	912	199	63
	911	199	41
Ecus de banque de Gênes................	910	199	19
	909	198	97

Suite du N.º 8.

DENOMINATION DES PIÈCES.	TITRES.	VALEURS.
	908	198ᶠ 75ᶜ
	907	198 53
Piastres aux deux globes ; mexico et sévil-lernes ; écus de Rome , et pièces de huit de Florence......................................	906	198 31
	905	198 09
	904	197 88
Ecus de Piémont	903	197 66
	902	197 44
	901	197 22
	900	197 00
Ducats de Naples , et écus de Suède.......	899	196 78
	898	196 56
	897	196 34
Piastres à l'effigie , de la fabrication com-mencée en 1772 , creuzades de Portugal...	896	196 12
	895	195 91
	894	195 69
	893	195 47
	892	195 25
	891	195 03
	890	194 81
	889	194 59
	888	194 37
	887	194 15
	886	193 94
	885	193 72
	884	193 50
	883	193 28
Pièces de douze carlins d'Italie............	882	193 06
	881	192 84
	880	192 62
	879	192 40
	878	192 18
	877	191 97
	876	191 75

Suite du N.º 8.

DÉNOMINATION DES PIÈCES.	TITRES.	VALEURS.
Écus de Hanovre et de Hambourg.........	875	191f 53c
	874	191 31
	873	191 09
Florins d'Autriche......................	872	190 87
	871	190 65
	870	190 43
	869	190 21
	868	190 00
	867	189 78
	866	189 56
	865	189 34
	864	189 12
	863	188 90
	862	188 68
Doubles écus de Danemarck..............	861	188 46
	860	188 24
	859	188 03
Ducatons et écus de Flandre et des Pays-Bas autrichiens; rixdalles de Hollande, et georgines de Gênes...........................	858	187 81
	857	187 59
	856	187 37
	855	187 15
	854	186 93
	853	186 71
	852	186 49
	851	186 27
	850	186 06
	849	185 84
	848	185 62
	847	185 40
	846	185 18
	845	184 96
	844	184 74
	843	184 52
	842	184 30

F

Suite du N.º 8.

DENOMINATION DES PIÈCES.	TITRES.	VALEURS.
	841	184ᶠ 09ᶜ
Patagons de Genève......................	840	183 87
	839	183 65
	838	183 43
	837	183 21
	836	182 99
	835	182 77
	834	182 55
	833	182 33
	832	182 12
	831	181 90
Ecus de Malte.......................	830	181 68
	829	181 46
	828	181 24
	827	181 02
Ecus de Brunswick, de Ratisbonne, et mandouines de Gènes..................	826	180 80
	825	180 58
	824	180 36
Anciennes pièces de France, dites de 20 s., 10 s. et 4 s. ; rixdalles et couronnes de Danemarck, et pièces de douze tarins de Sicile...........................	823	180 15
	822	179 93
	821	179 71
	820	179 49
Ecus ou rixdalles d'Anspach et de Bavière.	819	179 27
	818	179 05
	817	178 83
	816	178 61
	815	178 39
	814	178 18
Ducats de Venise......................	813	177 96
	812	177 74
	811	177 52
	810	177 30
	809	177 08

Suite du N.º 8.

DENOMINATION DES PIÈCES.	TITRES.	VALEURS.	
	808	176ᶠ	86ᶜ
	807	176	64
	806	176	42
	805	176	21
	804	175	99
	803	175	77
	802	175	55
	801	175	33
	800	175	11
Roubles de Russie......................	788	172	48
Argenterie marquée d'un aigle, et celle marquée de la lettre *A* surmontée d'une croix...	785	171	83
Argenterie marquée d'une scie.............	757	165	70
Florins de Mayence......................	747	163	51
Florins de Bade-Dourlack.................	740	161	98
Écus de Lubeck et Koptuck, de Hesse-Darmstadt et de Cologne.................	733	160	45
Écus de Bareith.........................	729	159	59
Florins de Meckelbourg..................	608	133	10
Piastres de Tunis.......................	528	115	59

Certifié conforme, le secrétaire d'état, *signé* HUGUES B. MARET.

Le ministre des finances, *signé* GAUDIN.

O R.

TARIF du Prix auquel doivent être payées au change les Espèces de France antérieures à la refonte ordonnée en 1785, les Espèces étrangères et autres Matières d'or, en conformité de la Loi du 7 Germinal an XI, qui ordonne que les nouvelles Pièces d'or seront fabriquées au titre de neuf cent millièmes, et à la taille de cent cinquante-cinq pièces de vingt francs, et de soixante-dix-sept pièces et demie de quarante francs au kilogramme, et qui fixe la retenue pour Frais de fabrication à neuf francs par kilogramme au titre des nouvelles Espèces.

DÉNOMINATION DES ESPÈCES.	TITRES.	VALEURS.
	1000	3,434^f 44^c $\frac{444}{1000}$
	999	3,431 01
	998	3,427 58
	997	3,424 14
Sequins de Venise, et sequins soundoukli de Turquie..........................	996	3,520 71
Sequins de Gènes........................	995	3,417 27
	994	3,413 84
Sequins de Florence aux lis..............	993	3,410 40
	992	3,406 97
Sequins de Florence à l'effigie............	991	3,403 53
	990	3,400 10
	989	3,396 67
	988	3,393 23
	987	3,389 80
Sequins de Piémont à l'annonciade........	986	3,386 36
	985	3,382 93
Ducats d'Autriche, de Hongrie et de Bohème.	984	3,379 49
	983	3,376 06
Francs à pied et à cheval, et agnelets de France.	982	3,372 62
	981	3,369 19
Ducats de l'empereur, de Hambourg, de Francfort, et ducats fins de Danemarck...	980	3,365 76
	979	3,362 32
Ducats *ad legem imperii* d'Allemagne, de Hollande, et ducats fins de Prusse............	978	3,358 89
	977	3,355 45
	976	3,352 02

DÉNOMINATION DES ESPÈCES.	TITRES.	VALEURS.	
Sequins de Malte, ducats de Pologne et de Suède..............................	975	3,348f	58c
	974	3,345	15
Ducats à l'aigle déployé de Russie...........	973	3,341	71
	972	3,338	28
	971	3,334	85
	970	3,331	41
	969	3,327	98
	968	3,324	54
	967	3,321	11
	966	3,317	67
Ducats de Hesse-Darmstadt, et à la croix de Saint-André de Russie.................	965	3,314	24
	964	3,310	80
	963	3,307	37
	962	3,303	94
	961	3,300	50
	960	3,297	07
	959	3,293	63
	958	3,290	20
	957	3,286	76
	956	3,283	33
	955	3,279	89
	954	3,276	46
	953	3,273	03
	952	3,269	59
	951	3,266	16
	950	3,262	72
	949	3,259	29
	948	3,255	85
	947	3,252	42
	946	3,248	98
	945	3,245	55
Sequins de Rome........................	944	3,242	12
	943	3,238	68
	942	3,235	25

Suite du N.º 9.

DÉNOMINATION DES ESPÈCES.	TITRES	VALEURS.
	941	3,231ᶠ 81ᶜ
	940	3,228 38
	939	3,224 94
	938	3,221 51
Écus d'or de France....................	937	3,218 07
	936	3,214 64
	935	3,211 21
	934	3,207 77
	933	3,204 34
	932	3,200 90
	931	3,197 47
	930	3,194 03
	929	3,190 60
	928	3,187 16
	927	3,183 73
	926	3,180 30
	925	3,176 86
	924	3,173 43
	923	3,169 99
	922	3,166 56
	921	3,163 12
	920	3,159 69
	919	3,156 25
	918	3,152 82
	917	3,149 39
	916	3,145 95
Souverains de Flandre et Pays-Bas autrichiens, et impériales de Russie..................	915	3,142 52
Guinées d'Angleterre, portugaises, et millerets de Portugal............................	914	3,139 08
Pistoles de Genève, de Florence, et riders de Hollande..........................	913	3,135 65
	912	3,132 21
	911	3,128 78
	910	3,125 34
Pistoles d'Espagne, au balancier, aux armes et à l'effigie, avant 1772..................	909	3,121 91

Suite du N.º **9.**

DENOMINATION DES ESPÈCES.	TITRES.	VALEURS.	
Pistoles du Mexique ; roupies d'or du Mogol..	908	3,118ᶠ	48ᶜ
	907	3,115	04
Vaisselle d'or marquée de trois poinçons de Paris	906	3,111	61
	905	3,108	17
Pièces de France de toutes fabrications avant 1726	904	3,104	74
	903	3,101	30
Pistoles d'or de Piémont depuis 1755	902	3,097	87
Florins de Brunswick	901	3,094	43
	900	3,091	00
	899	3,087	57
Pistoles du Palatinat	898	3,084	13
Pistoles du Pérou	897	3,080	70
Pièces de France depuis 1726 jusqu'à 1785	896	3,877	26
	895	3,073	83
	894	3,070	39
Nouvelles pistoles d'Espagne de la fabrication commencée en 1772	893	3,066	96
(Voir la note à la suite du présent tarif).			
Pièces à la rose de Florence, et vieilles pistoles de Piémont	892	3,063	52
	891	3,060	09
	890	3,056	66
	889	3,053	22
	888	3,049	79
Albertus et écus d'or de Flandre et des Pays-Bas autrichiens	887	3,046	35
	886	3,042	92
	885	3,039	48
	884	3,036	05
	883	3,032	61
	882	3,029	18
	881	3,025	75
	880	3,022	31
	879	3,018	88
	878	3,015	44
	877	3,012	01
DENOMINATION DES ESPÈCES.	TITRES.	VALEURS.	

Suite du N.° 9.

DÉNOMINATION DES ESPÈCES.	TITRES	VALEURS.	
	876	3,008ᶠ	57ᶜ
	875	3,005	14
	874	3 001	70
	873	2,998	27
	872	2,994	84
Ducats courans de Danemarck; onces de Naples, et sequins de Tunis......................	871	2,991	40
	870	2,987	97
	869	2,984	53
	868	2,981	10
	867	2,977	66
	866	2,974	23
	865	2,970	79
	864	2,967	36
	863	2,963	93
	862	2,960	49
	861	2,957	06
	860	2,953	62
	859	2,950	19
	858	2,946	75
	857	2,943	32
	856	2,939	88
	855	2,936	45
	854	2,933	02
	853	2,929	58
	852	2,926	15
	851	2,922	71
	850	2,919	28
	849	2,915	84
	848	2,912	41
	847	2,908	97
	846	2,905	54
	845	2,902	11
	844	2,898	67
	843	2,895	24
	842	2,891	80

DÉNOMINATION DES ESPÈCES.

Suite du N.º 9.

DENOMINATION DES ESPÈCES.	TITRES.	VALEURS.	
	841	2,888f	37c
Onces de Sicile............................	840	2,884	93
	839	2,881	5o
	838	2,878	o6
	837	2,874	63
	836	2,871	20
	835	2,867	76
	834	2,864	33
	833	2,860	89
	832	2,857	46
	831	2,854	o2
	830	2,850	59
	829	2,847	15
	828	2,843	72
	827	2,840	29
	826	2,836	85
	825	2,833	42
	824	2,829	98
	823	2,826	55
	822	2,823	11
	821	2,819	68
	820	2,816	24
Zermahbouds de Turquie...................	819	2,812	81
	818	2,809	38
	817	2,805	94
	816	2,802	51
	815	2,799	o7
	814	2,795	64
	813	2,792	20
	812	2,788	77
	811	2,785	33
	810	2,781	90
Pagodes d'or des Indes au croissant..........	809	2,778	47
	808	2,775	o3
	807	2,771	6o

G

Suite du N.º 9.

DENOMINATION DES ESPÈCES.	TITRES.	VALEURS.	
	806	2,768ᶠ	16ᶜ
	805	2,764	73
	804	2,761	29
	803	2,757	86
	802	2,754	42
	801	2,750	99
	800	2,747	56
Pagodes d'or des Indes à l'étoile............	798	2,740	69
Florins de Hanovre.....................	777	2,668	56
Florins du Rhin et de Hesse-Darmstadt.....	772	2,651	39
Florins du Palatinat, de Bavière et d'Anspach.	767	2,634	22
Florins de convention, doubles et triples florins.	758	2,603	31
Florins de Bade-Dourlach..................	757	2,599	88
Bijoux d'or marqués de trois poinçons de Paris.	750	2,575	83

NOTA. Les quadruples de la fabrication de 1772, portés dans le tarif du 26 Pluviôse an II au titre de huit cent quatre-vingt-treize millièmes, ayant été altérés à l'époque de 1786, on ne saurait les recevoir au change à ce titre. Les personnes qui en présenteront, pourront les faire fondre en leur présence par le directeur ; et le titre des lingots qui en proviendront, sera constaté par un des essayeurs des monnaies. Les propriétaires en feront ensuite la remise au change, et l'évaluation en sera faite d'après ce titre : les frais de ces deux opérations seront à leur charge.

Les quadruples fabriqués avant 1785, seront payés conformément au tarif.

A l'égard des monnaies des départemens, le Gouvernement leur indiquera les mesures qu'il conviendra de prendre à ce sujet, lorsque la fabrication de l'or y sera établie.

Dans les pesées d'or inférieures à trois cents grammes, les caissiers seront tenus d'employer un poids de vingt-cinq milligrammes, ou un quart de décigramme (environ un demi-grain, poids de marc).

Certifié conforme : le secrétaire d'état, *signé* HUGUES-B. MARET. Le ministre des finances, *signé* GAUDIN.

TABLE DES MATIÈRES.

Fin de la Table des Matières.

9 782019 630256